La clase de yoga

por **Uma Krishnaswami**

ilustrado por **Stephanie Roth**

traducido por **Esther Sarfatti**

Bebop Books

An imprint of LEE & LOW BOOKS Inc.

Soy un gato.

Soy una rana.

Soy un árbol.

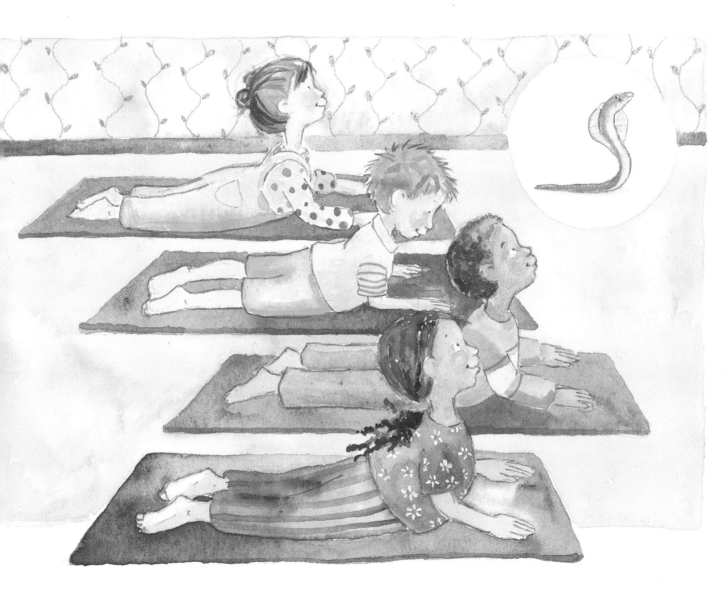

Soy una serpiente.

Soy un león.

Soy una abeja.

¡Soy yo!